Collection du HIGH-LIFE TAILOR

VENTE

des Vendredi 22 et Samedi 23 Mars 1912

HOTEL DROUOT — SALLE N° 1

A 4 HEURES

Célébrités Contemporaines

PAR

MOLOCH

Deux Pastels par LÉANDRE

Mᵉ BAYLÉ, COMMISSAIRE-PRISEUR

30, Rue de Mogador — Tél. 273-34

EXPOSITION PUBLIQUE

*Le Jeudi 21 Mars 1912, de deux heures à six heures
et les Vendredi 22 et Samedi 23 Mars avant la vente*

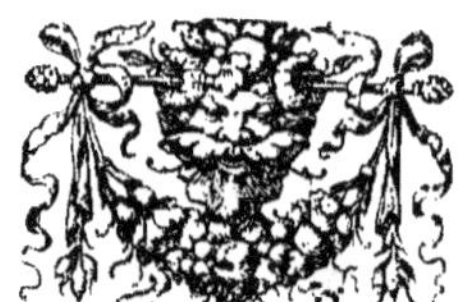

C. Chaufour, Imprim.
6-8, Rue Milton, Paris

Collection du HIGH-LIFE TAILOR

Célébrités Contemporaines

PAR

MOLOCH

Deux Pastels par LÉANDRE

DONT LA VENTE AUX ENCHÈRES PUBLIQUES AURA LIEU

HOTEL DROUOT — SALLE N° 1

Les Vendredi 22 et Samedi 23 Mars 1912

A QUATRE HEURES

(EXPOSITION AVANT LA VENTE)

Me BAYLÉ, Commissaire-Priseur

3o, Rue de Mogador — Tél. 273-34

EXPOSITION PUBLIQUE

Le Jeudi 21 Mars 1912, de deux heures à six heures

CONDITIONS DE LA VENTE

Elle sera faite au comptant.

Les acquéreurs paieront *dix pour cent* en sus des enchères.

L'exposition mettant le public à même de se rendre compte de l'état des objets, il ne sera admis aucune réclamation une fois l'adjudication prononcée.

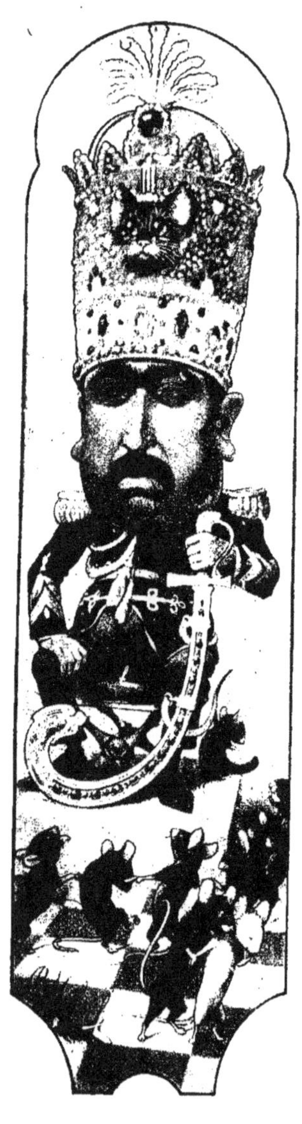

N° 9

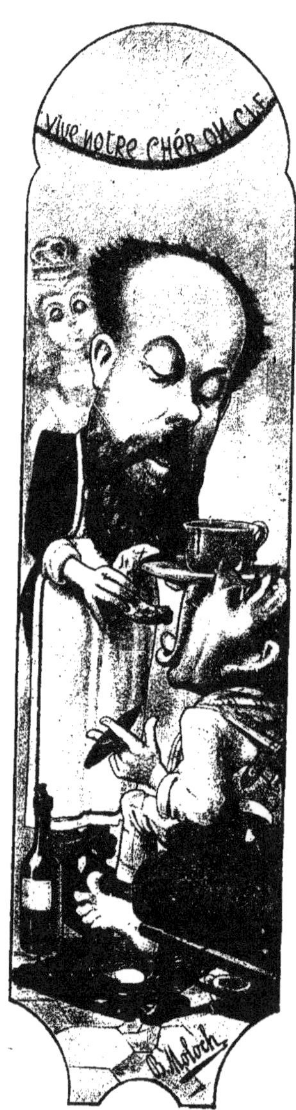

N° 10

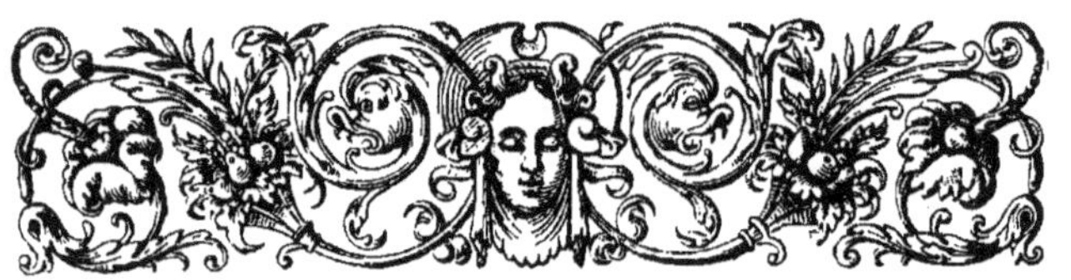

DÉSIGNATION

MOLOCH

1 — Les Chapeaux au théâtre.

2 — Le Rachat de l'Ouest.

3 — Distribution de portefeuilles.

4 — Secrets d'État.

5 — La Foire au pain d'épices.

6 — L'Ambassadeur.

7 — Sainte Régie.

8 — L'Aviateur.

9 — Raminagrobis.

10 — Le Petit déjeuner du soldat.

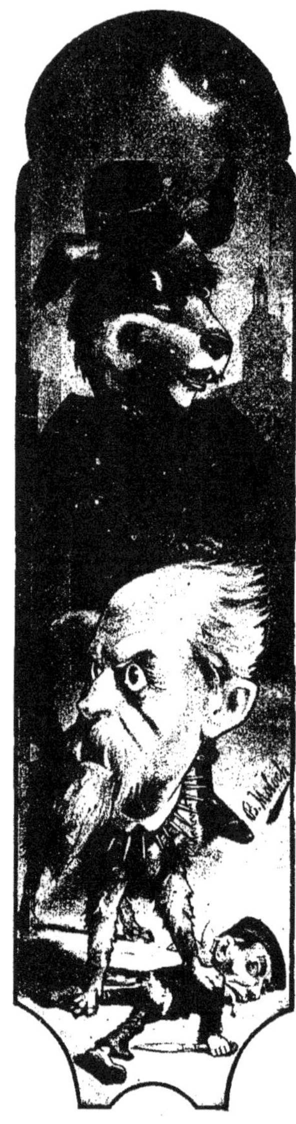

N° 18

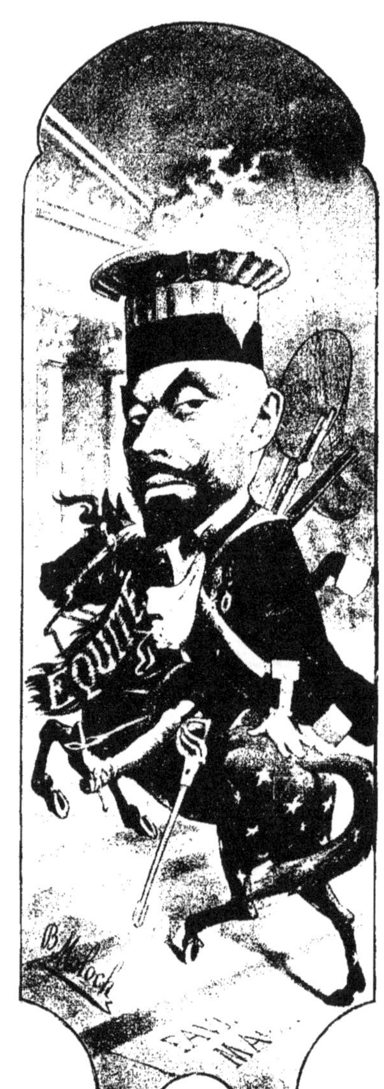

N° 28

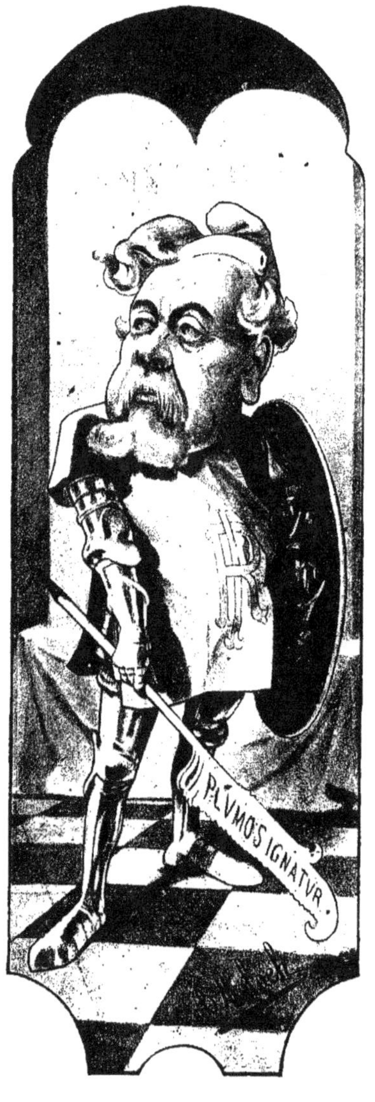

N° 44

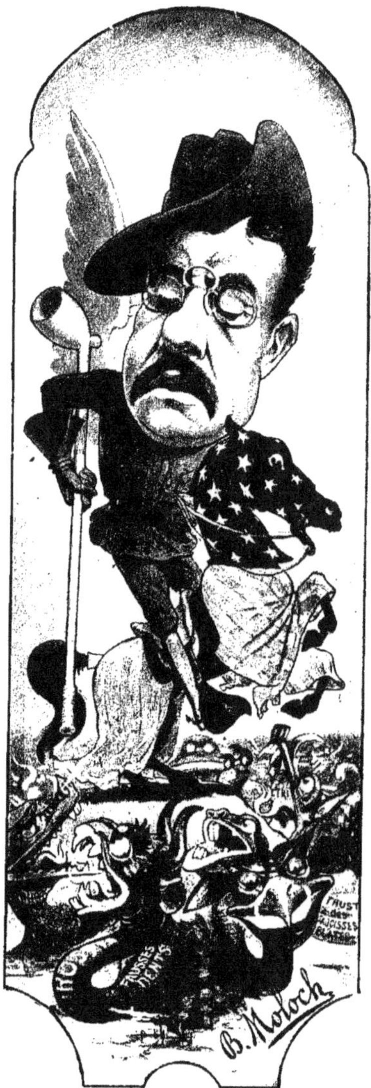

N° 45

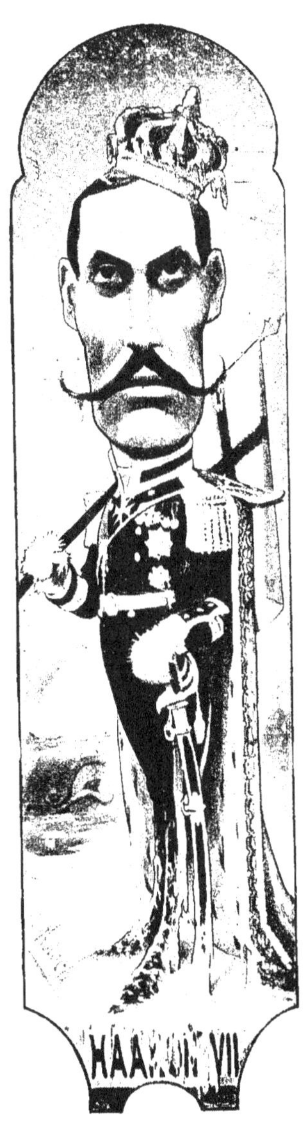

N° 38

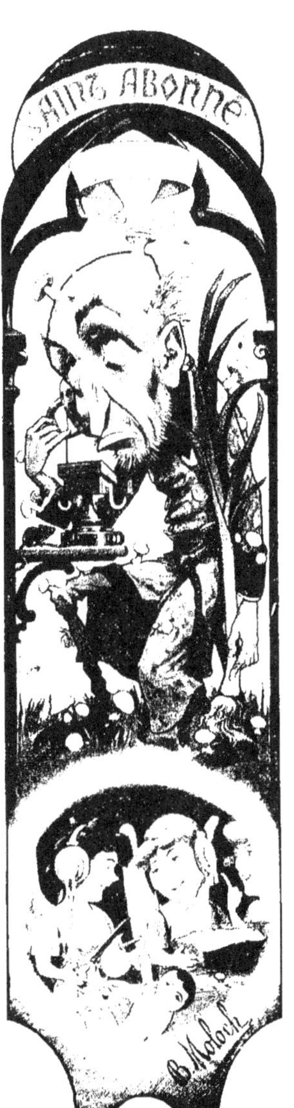

N° 41

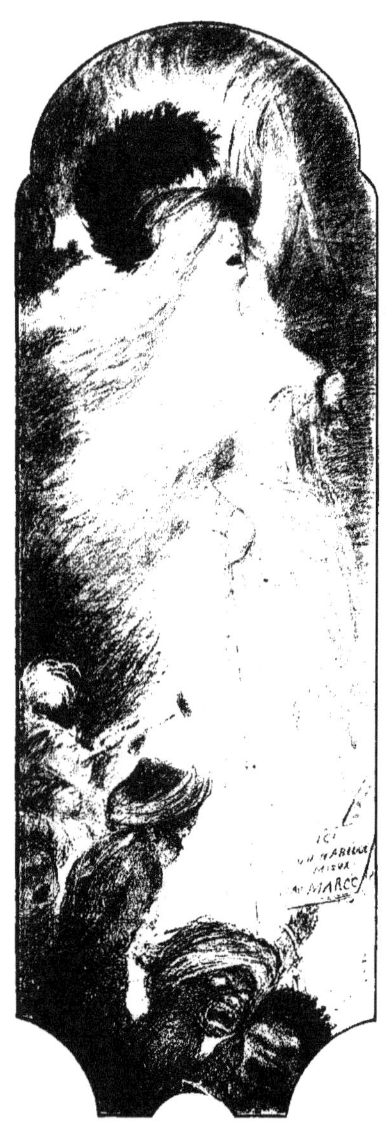

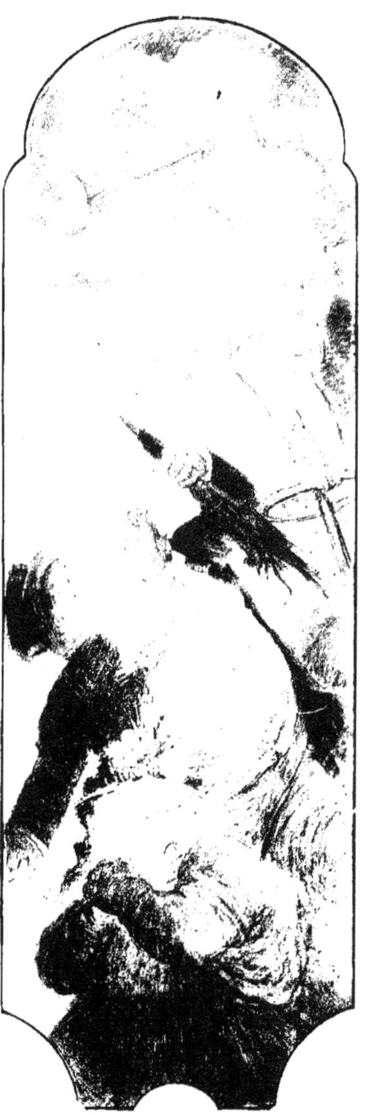

N° 52N° 53

30 — Échange de deux balles.

31 — Le Grand Argentier.

32 — La Tartine.

33 — Les Droits de l'Homme.

34 — Pax Vobiscum.

35 — Le Défenseur de la marine.

36 — L'Impôt sur le revenu.

37 — El Conquistador.

38 — Majesté gelée.

39 — La Balançoire.

40 — L'Ombre du Saint Père.

41 — Saint Abonné, martyr.

42 — La Fin du Vieux Jeu.

43 — Le drakkar.

44 — Plumos ignatur.

45 — Guerre aux trusts.

46 — Entre Capital et Travail.

47 — Cours d'art dramatique.

48 — La Danse de la grenouille.

49 — La Jupe fendue.

5o — Conquête de l'Académie.

51 — Avant la rentrée.

LÉANDRE

52 — Au Maroc.

53 — Monsieur et Madame Prudhomme.

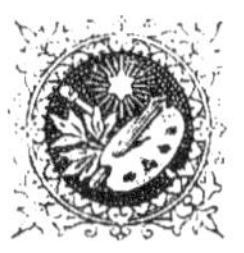